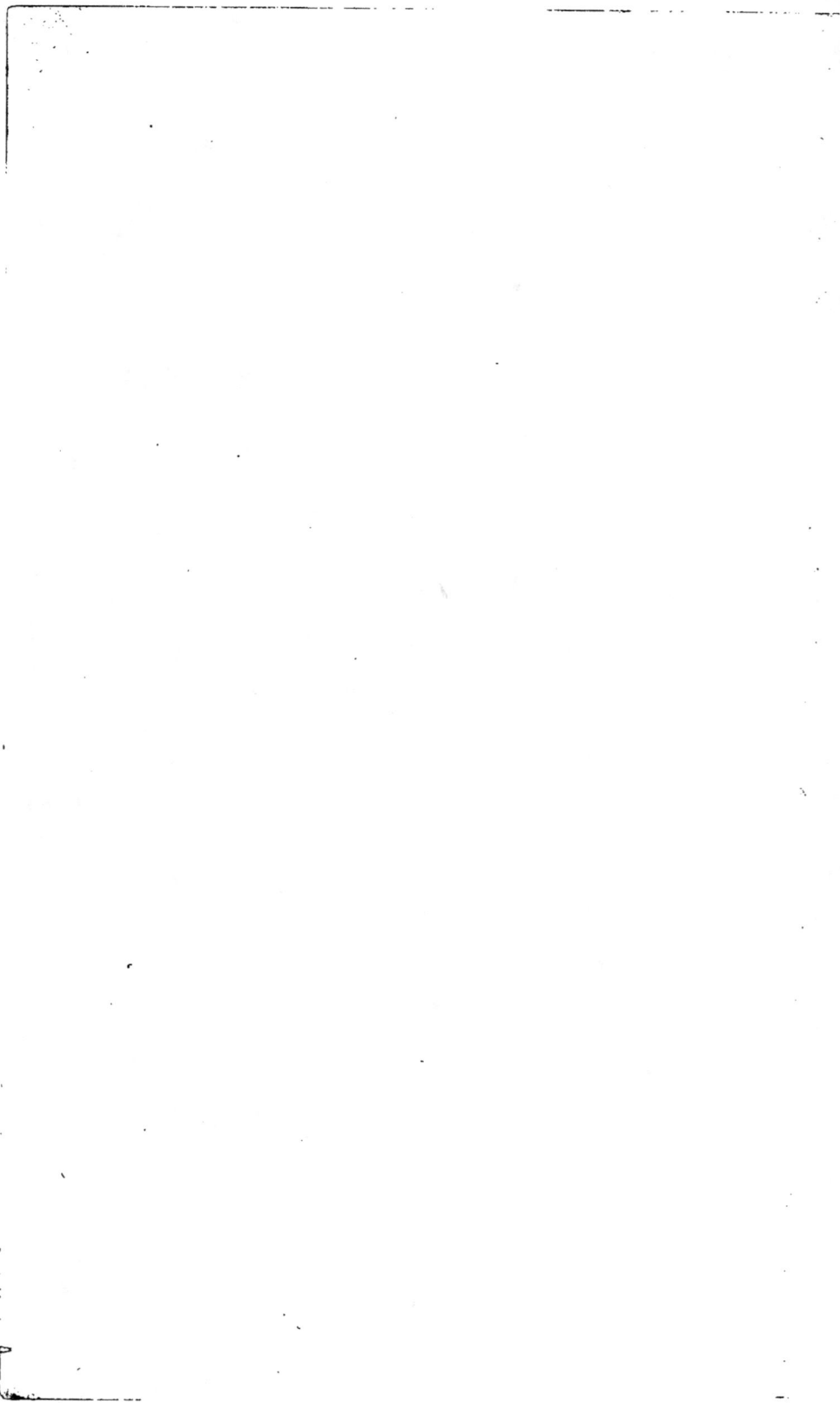

DÉFENSE D'AMIENS.

AMIENS. — IMP. T. JEUNET

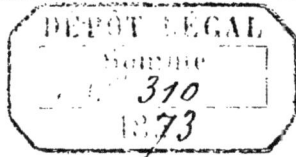

GUERRE DE 1870-1871.

NOTICE

SUR

L'ORGANISATION

DE LA

DÉFENSE D'AMIENS.

PARIS,

LIBRAIRIE MILITAIRE DE J. DUMAINE,

3o, RUE ET PASSAGE DAUPHINE, 3o.

—

1873.

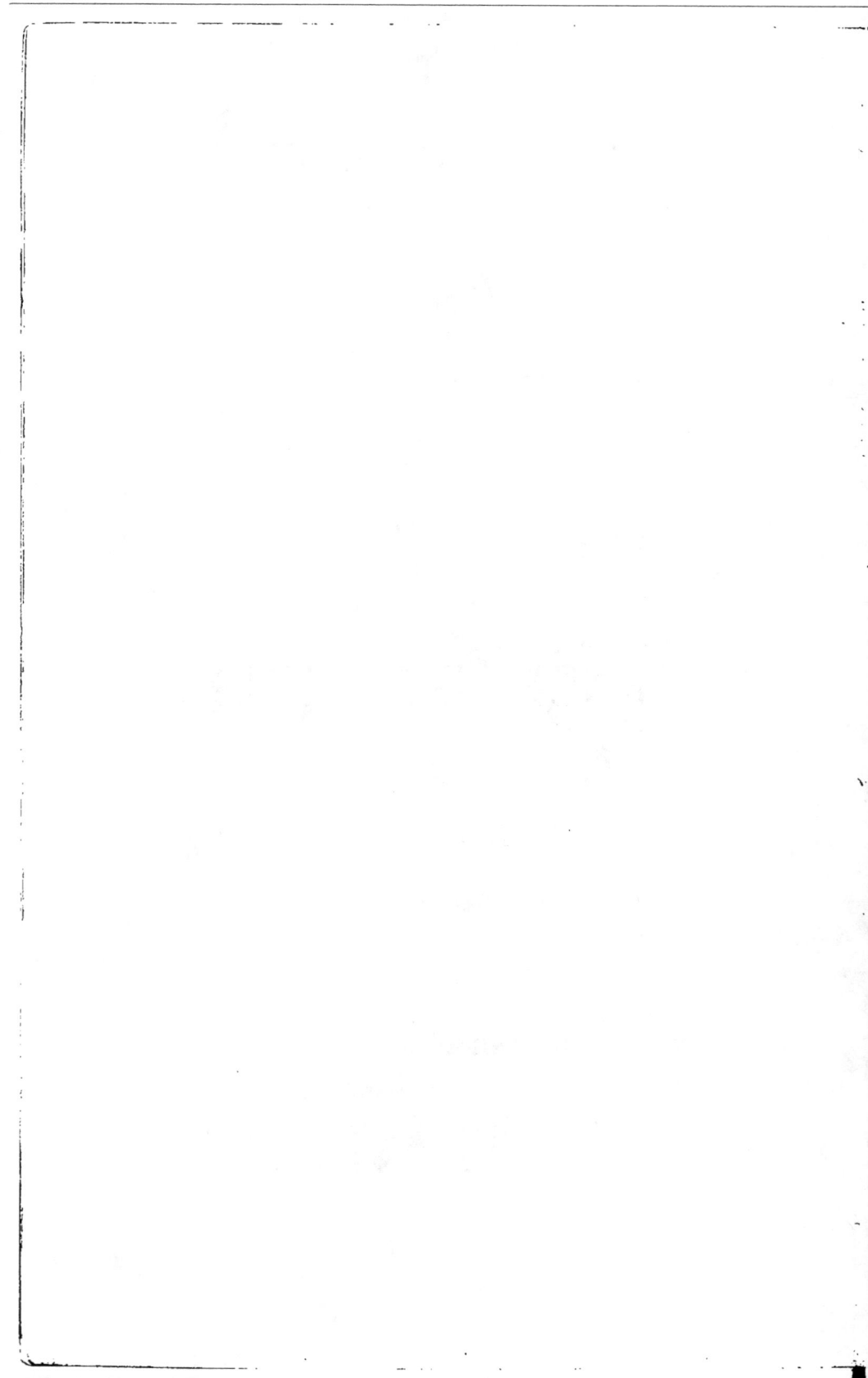

INTRODUCTION.

Il est un champ d'études, encore inexploré, qui semble devoir être singulièrement fertile en graves et précieux enseignements. Personne, que nous sachions, ne s'est encore avisé de publier une histoire militaire de la Picardie et, pourtant, le territoire de cette région a été le théâtre d'une suite d'événements dignes du plus haut intérêt. La conquête romaine, l'invasion des Francs Mérovingiens, les incursions normandes, les luttes de nos rois contre les Flamands, les Anglais, les Bourguignons, les Espagnols, — les faits de tous les âges se pressent pour attester l'importance des propriétés militaires de la ligne de la Somme. Les progrès de toute espèce que notre siècle réalise ne sauraient, en aucune façon, modifier une situation qui s'est perpétuée depuis l'origine des temps historiques. Il n'y a pas encore trois ans, en effet, qu'on a vu des bouches à feu prussiennes traînées jusqu'aux rives de la Somme par les voies trop connues, qu'avaient jadis suivies les légions de César... et leurs détonations nous ont navrés comme une répercussion lointaine des bruits de l'artillerie d'Azincourt, comme un sinistre écho du canon de Crécy!...

Amiens, en particulier, n'en était pas à sa première affaire lorsque les Prussiens de 1870 sont venus l'attaquer par le Sud.

D'abord soumise à la domination des empereurs romains; puis, emportée par le Franc Clodion; successivement ravagée par les Normands Weland, Godfroy et Roll; enlevée par le roi Louis XI; surprise par l'Espagnol Hernan Tello; assiégée par Henri IV, la place d'Amiens peut, à elle seule, revendiquer une longue et glorieuse page de l'Histoire militaire de la France.

Cette page, nous ne nous sommes point proposé de l'écrire, non plus que d'esquisser le cadre d'une histoire des guerres de Picardie. Notre prétention ne va pas au-delà de cette limite qu'on nomme la pierre de l'édifice.

Nous apportons donc notre pierre que pourront utiliser plus tard ceux qui voudront s'attacher à retracer les événements de la funeste guerre de 1870-1871.

La Notice qu'on va lire n'a d'autre mérite que celui de reposer sur des données sûres, empruntées, pour la plupart, à des documents officiels. Nous avons aussi fréquemment fait appel au souvenir des gens sincères, et leurs témoignages nous ont guidé dans le cours de nos recherches. Aussi ne croyons-nous pas être loin de la vérité.

Que tous ceux qui nous ont prêté leur concours veuillent bien agréer ici l'expression de nos meilleurs remerciements.

SOMMAIRE.

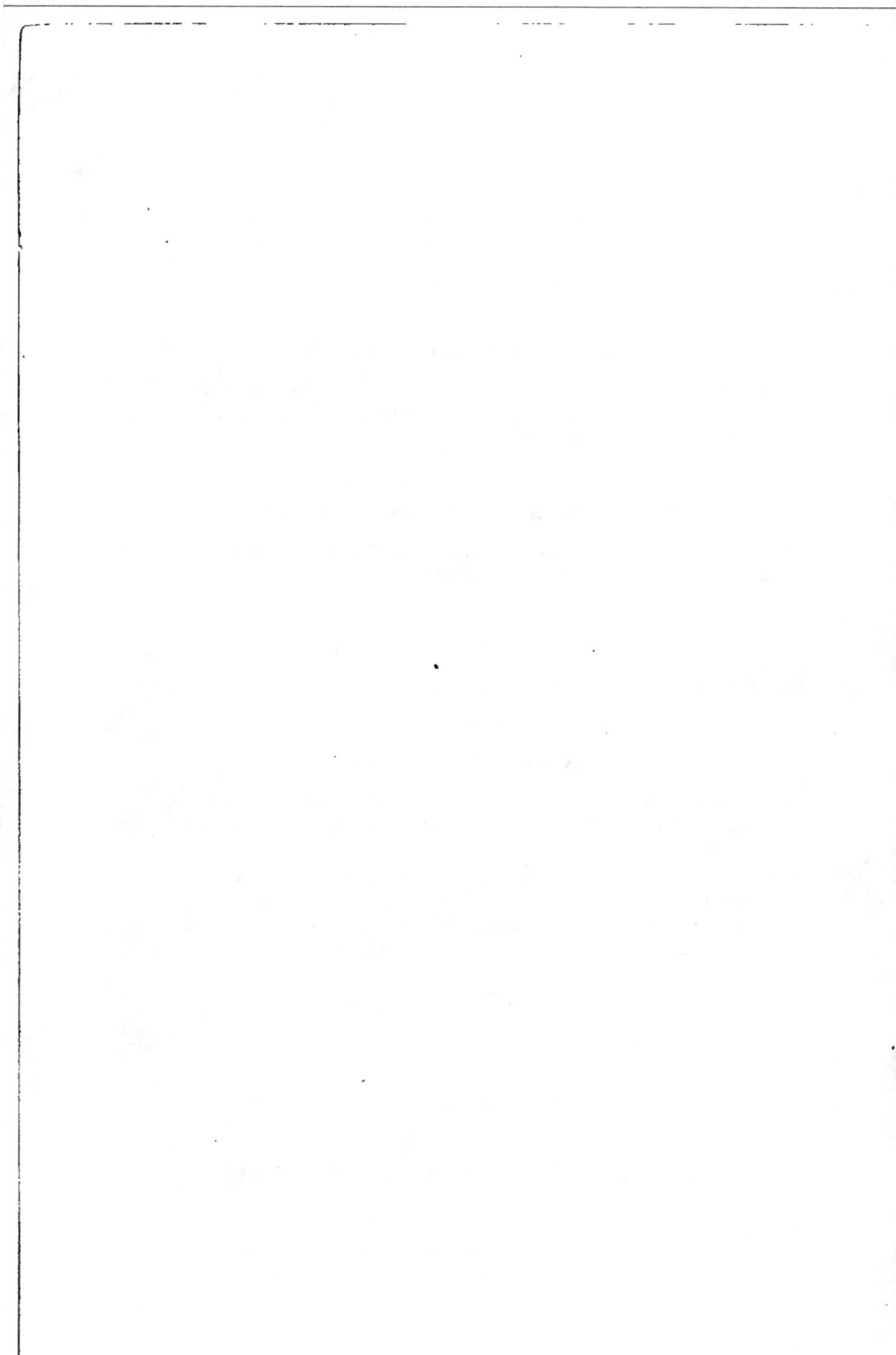

NOTICE

SUR

L'ORGANISATION DE LA DÉFENSE D'AMIENS.

§ 1. — Travaux du Comité de défense.

Les événements de guerre de l'année 1870 ont fait successivement surgir, à Amiens, divers Conseils ou Comités auxquels a été dévolue ou qui se sont attribué la charge de pourvoir à la défense de la ville et du département de la Somme. On en distingue facilement quatre, savoir :

1° Le *Comité de défense* qui s'est constitué vers la fin du mois d'août ; et dissous, le 4 septembre ;

2° La *Commission préfectorale* qui a fonctionné du 4 septembre au 17 octobre ;

3° Le *Comité consultatif* qui a été institué par arrêté préfectoral en date du 17 octobre, et n'a joué qu'un rôle éphémère (1) ;

4° Enfin, le *Comité militaire* organisé par décret, du 20 octobre, du Général commandant la subdivision de la Somme, en exécution du décret de la Délégation de Tours, du 14 du même mois.

(1) Il n'a fonctionné que trois jours, les 17, 18 et 19 octobre 1870.

Aux sessions de ces quatre Comités ou Conseils correspondent quatre périodes distinctes de travaux, — travaux qu'il convient d'analyser et de décrire séparément.

Le Comité de défense, présidé par M. le général de Lapeyrouse (1), a ordonné et fait exécuter les ouvrages dont suit l'énumération détaillée, savoir :

La fermeture de la partie Sud de la ville au moyen de palanques et de barrières mobiles, destinées à couper tout passage aux coureurs ennemis (2) ;

Le percement d'environ 1,100 créneaux dans les murs extérieurs du Sud de la ville et notamment dans ceux du *Tir de Picardie* ;

L'ouverture de 21 portes pour la mise en communication des cours, jardins et maisons dont les murs extérieurs avaient été crénelés ;

La construction de plusieurs ouvrages en terre aux points ci-après désignés :

1° Au-dessus de la gare de Longueau, derrière la Halle des voyageurs, pour garantir cette gare des effets d'un coup de main qu'on supposait pouvoir être tenté par la route nationale n° 35 ou l'une des routes départementales nos 1 et 3 ;

2° En deçà du raccordement du chemin de fer de Paris à Lille avec l'embranchement d'Amiens à Tergnier (bifurcation Longueau-Tergnier) ;

3° Sur la rive gauche du bras occidental de l'Avre (3) ;

---

(1) Voyez la pièce justificative A.

(2) « Les autorités de la ville montraient un vif désir de résister à l'ennemi, « et déjà de grands travaux avaient été exécutés pour la mettre à l'abri d'un « coup de main et pour repousser les tentatives audacieuses des cavaliers « allemands. Le Conseil municipal avait fait construire à l'entrée des rues du « Sud des barricades crénelées. »

(*Opérations de l'armée française du Nord* : pages 5-6).

(3) A cheval sur la route, au pied de la descente de Saint-Acheul, cet ouvrage a pris ultérieurement le numéro 2-3 dans la série des travaux ordonnés par le *Comité militaire*, et dont il sera parlé ci-après.

4° Entre le *Tir de Picardie* et le chemin vicinal de grande communication n^c 7.

Tel est, rapidement esquissé, le tableau des ouvrages dûs à l'initiative du Comité de défense (1).

Pendant que ces divers travaux s'exécutaient, le service local de la Compagnie du chemin de fer du Nord prenait les mesures préservatrices indiquées en l'ordre émané de l'administration supérieure, à la date du 29 août 1870.

Il fit boucher les baies de la remise des locomotives de Longueau et percer des créneaux dans les murs de ce bâtiment.

Dans l'Ouest de la ville, à la bifurcation de Saint-Roch, l'ingénieur de la 6e section fit de même créneler les maisons d'aiguilleurs. Une barrière crénelée fut placée, par ses soins, contre le viaduc de Prémontré, en travers de la ligne de Paris à Calais.

§ 2. — Travaux de la Commission préfectorale.

La Commission préfectorale, présidée par M. le préfet Lardière (2), a ordonné les ouvrages suivants :

Construction de deux retranchements rapides, n°s 1 et 2, à cheval respectivement sur la route nationale n° 16 et le chemin vicinal de grande communication n° 7 (3).

(1) La Ville en avait confié la direction supérieure à M. l'Ingénieur des Ponts-et-Chaussées de Froissy que secondaient MM. Guillon, ingénieur au service de la Compagnie des chemins de fer du Nord, et Bauchet, garde du génie en retraite. Les palanques et barrières furent organisées par les architectes et entrepreneurs du service municipal; les créneaux, ouverts par le service des agents-voyers. M. de Froissy et ses adjoints s'étaient réservé la construction des ouvrages en terre ; ces ouvrages furent exécutés par des terrassiers qu'ils surveillaient directement.

(2) Voyez le document B.

(3) Le tracé de ces deux retranchements rapides fut arrêté, le 2 octobre, par M. le chef d'escadron de Bonnault, commandant l'artillerie. Exécutés par des ouvriers de la ville placés sous les ordres de M. l'architecte-voyer Vieilhomme, les travaux étaient parachevés dès le 5 du même mois.

Organisation de huit coupures, situées :

N°s 1 et 2. — Sur la route départementale n° 10 ;

N°s 3, 4, et 5. — Sur le chemin vicinal de grande communication n° 7 ;

N°s 6 et 7. — Sur le chemin vicinal de moyenne communication n° 116 ;

N° 8. — Sur la rive gauche de l'Avre, à l'entrée du marais de Boves.

Ces coupures se composaient d'un simple épaulement en terre précédé d'un fossé sur lequel le passage était provisoirement maintenu par le moyen d'un pont en charpente. Celles qui portent les n°s 1, 2, 3, 4, 5 et 6, étaient chacune appuyées d'un corps-de-garde, de la contenance de 80 hommes.

Organisation de quatre barricades en terre, moellons et pavés, destinées à fermer les faubourgs de la ville :

Barricade n° 1. — Sur la route nationale n° 35 ;

Barricade n° 2. — Sur la route nationale n° 16 ;

Barricade n° 3. — Sur la route départementale n° 10 ;

Barricade n° 4. — Sur la route nationale n° 29.

Construction d'un parapet, de 214 mètres de crêtes, destiné à compléter le système de fermeture de la ville entre la route nationale n° 16 et le chemin de Rumigny (1).

Ces divers ouvrages, coupures de routes, barricades et retranchements ont été exécutés par M. Daullé, agent-voyer en chef du département, sur l'ordre qui lui en a été donné, le 12 octobre, par l'autorité préfectorale.

_____

(1) Divers témoins contestent que ce retranchement ait été exécuté. Suivant ce dire, l'ouvrage n'aurait existé qu'à l'état de projet.

§ 3. — Travaux du Comité consultatif.

Le rôle du Comité consultatif (1) s'est, pour ainsi dire, borné à une déclaration de principes.

Il émit, en sa séance du 17 octobre, l'avis que, pour protéger la partie Sud de la ville et défendre le passage de la Somme, il importait d'élever un certain nombre de batteries de Cagny à Saleux, c'est-à-dire dans le secteur compris entre les vallées de l'Avre et de la Celle. Il fut, en même temps, décidé que ces batteries, en forme de redans ayant de 50 à 70 mètres de faces, seraient reliées entre elles par une suite de tranchées-abris dessinant une ligne continue. Le tracé de cette ligne fut confié aux soins d'une commission spéciale (2); quant au piquetage, il commença dès le lendemain, 18 octobre.

Ce même jour, 18, le Comité reconnut la nécessité de pourvoir au logement des troupes qui allaient être chargées de défendre le camp retranché du Sud. Il décida, en conséquence, qu'il serait organisé cinq groupes de baraques pouvant contenir chacun un bataillon d'infanterie.

§ 4. — Travaux du Comité militaire.

Sur ces entrefaites, le décret du 14 octobre, de la Délégation de Tours, fut rendu exécutoire dans le département de la Somme par un arrêté, du 20 octobre, de M. le Général commandant la subdivision. Un Comité militaire institué d'urgence (3) prit en main la direction de la

(1) Voyez la pièce justificative C.
(2) Voyez la pièce justificative D.
(3) Voyez la pièce justificative E.

défense de la Place et c'est sous son inspiration que furent exécutés les travaux ci-après énumérés :

Construction des ouvrages de fortification passagère admis en principe par le Comité consultatif (1), et situés savoir :

N° 1. — Sur la rive gauche du bras occidental de l'Avre, contre le chemin de fer ;

N°ˢ 2 et 3. — Sur la même rive, à cheval sur la route nationale n° 35 ;

N° 4. — Entre la route nationale n° 35 et le chemin vicinal de moyenne communication n° 116, à 250 mètres de celui-ci ;

N° 5. — Sur le bord Ouest du chemin vicinal de moyenne communication n° 116 ;

N° 6. — Sur le bord Ouest du chemin de Cottenchy ;

N° 7. — Entre le chemin ci-dessus et le chemin vicinal de grande communication n° 7, à 300 mètres à l'Est de ce dernier ;

N° 8. — A cheval sur le chemin vicinal de grande communication n° 7 ;

N° 9. — Entre le chemin vicinal de grande communication n° 7 et la route nationale n° 16, à 900 mètres à l'ouest dudit chemin.

N° 10. — Contre le chemin vicinal de grande communication n° 7 et la route nationale n° 16, à 600 mètres à l'Est de la route ;

N° 11. — A cheval sur la route nationale n° 16 ;

(1) Suivant le Comité militaire les ouvrages à construire devaient remplir les conditions suivantes, savoir : 1° Tenir l'ennemi à une distance telle qu'il ne pût couvrir la ville de ses obus ; 2° l'attirer assez près pour qu'il fût en prise aux projectiles de nos pièces à courte portée. On devait armer de pièces à longue portée les points sur lesquels il eût été difficile de satisfaire à la seconde condition.

N° 12. — Entre la route nationale n° 16 et la route départementale n° 10, à 700 mètres à l'Ouest de la route nationale n° 16 ;

N° 13. — Entre les deux routes ci-dessus, à 550 mètres à l'Est de la route départementale n° 10 ;

N° 14. — Sur la route départementale n° 10 ;

N° 15. — Sur le chemin de Saleux ;

N° 16. — Entre le chemin ci-dessus et la route nationale n° 29 ;

N° 17. — Sur le bord Est de la route nationale n° 29 ;

N° 18. — Entre la route nationale n° 29 et le chemin de fer de Rouen à Amiens.

Commencées le 18 octobre, d'après l'avis du Comité consultatif confirmé par l'arrêté, du 20 du même mois, du général commandant l'état de siége (1), les lignes défensives de la région Sud étaient déjà fort avancées à la date du 2 novembre, grâce à la vive impulsion donnée par le commandant du génie Thiébaud aux travaux que surveillaient M. l'ingénieur Guillon et M. Bauchet, garde du génie en retraite. A cette date du 2 novembre, le commandant Thiébaud fut remplacé dans ses fonctions par le capitaine Saubinet qui n'eut plus qu'à parfaire l'œuvre entreprise. Cet officier brisa quelques courtines, afin d'obtenir de meilleurs flanquements ; il introduisit quelques redans de 15 à 20 mètres de faces et substitua des crémaillères aux parties en ligne droite qui présentaient trop de longueur.

Vers le 15 novembre, le Comité militaire jugea opportun de compléter le système ci-dessus décrit des lignes du Sud par l'adjonction de deux autres groupes d'ouvrages de fortification passagère établis à l'Ouest et au Nord de la place.

(1) Voyez la pièce justificative F.

A l'Ouest, il fut organisé trois ouvrages situés comme il suit :

Nº 19. — Au cimetière de Renancourt ;
Nº 20. — A 600 mètres à l'Est de la ferme de Grâce ;
Nº 21. — A 170 mètres à l'Ouest du cimetière de Montières.

Ces ouvrages étaient reliés entre eux par une suite de tranchées et se soudaient aux ouvrages du Sud par le moyen de l'inondation de la Celle, tendue au Nord-Est du chemin du Petit-Saint-Jean à Renancourt (1). La région Ouest fut, d'ailleurs, protégée par divers travaux accessoires tels que :

— La coupure nº 9, établie sur la route nationale nº 29, à la hauteur du village de Pont-de-Metz ;
— La coupure nº 10, sur le chemin du Petit-Saint-Jean à Renancourt ;
— La barricade nº 5, élevée à l'origine du chemin de Renancourt à Pont-de-Metz ;
— La barricade nº 6, située sur la route nationale nº 35, à l'Ouest du village de Montières (2).

Durant le cours de la seconde quinzaine du mois de novembre, le Comité militaire décida que, à l'effet d'assurer, de toutes parts, la mise en état de défense de la Place, il serait élevé, dans la région Nord, une série de redans analogues à ceux du Sud. Le tracé de ce nouveau système fut aussitôt confié aux soins de M. le capitaine du génie Saubinet. Secondé par M. l'ingénieur Guillon, cet officier s'empressa de piqueter et de faire entreprendre les ouvrages suivants, savoir :

(1) Cette inondation des marais de Renancourt fut tendue par les soins de M. Daullé, agent-voyer en chef du département, agissant en vertu d'un ordre du Comité militaire en date du 4 novembre.

(2) Ces coupures et barricades furent également organisées par les soins de M. Daullé, et en vertu de l'ordre précité du 4 novembre.

Nº 22. — A cheval sur la route nationale nº 16 ;

Nº 23. — A cheval sur le chemin vicinal de grande
communication nº 11 ;

Nº 24. — A cheval sur la route départementale nº 19 ;

Nº 25. — A cheval sur la route nationale nº 29 ;

Nº 26. — Entre la route nationale nº 29 et le chemin
vicinal de grande communication nº 1 ;

Nº 27. — A cheval sur le chemin ci-dessus.

Ces six ouvrages du Nord, munis de flancs, étaient reliés entre eux par des tranchées à profil défensif; ils formaient ainsi une ligne continue dont la gauche se trouvait appuyée par les fronts Nord de la Citadelle. Leur distance à la place était notablement inférieure à celle des ouvrages du groupe Sud.

En résumé :

Les ouvrages de fortification passagère ordonnés par le Comité militaire formaient un vaste polygone irrégulier couvrant la ville à la distance de 3 à 4 kilomètres de son centre de figure et l'enserrant de toutes parts, sauf dans les secteurs arrosés par les confluents de la Somme avec les cours de l'Avre et de la Celle. Ces lignes se subdivisaient en trois groupes distincts :

1º La partie située au Sud d'Amiens, entre les vallées de l'Avre et de la Celle, présentait un développement de . . . . 8,800 mètres.

2º Le groupe Ouest, qui s'étendait de la vallée de la Celle à la vallée de la Somme, mesurait . . . . 1,400 —

3º Le groupe Nord, enfin, développait ses crêtes suivant une longueur de . . 2,800 —

C'était donc, en somme, une étendue de lignes défensives de . . . . . . 13,000 mètres.

En ce qui concerne les moyens d'exécution, il y fut
d'abord pourvu par un recrutement régulier de terrassiers
civils. Puis, sur la demande du Comité, le Général commandant la subdivision de la Somme fit travailler aux
lignes les troupes de la garnison.

Vers la fin du mois de novembre, le nombre des travailleurs s'accrut encore de diverses bandes d'ouvriers de la
campagne obtenus par voie de réquisition. Enfin, quelques
travaux furent exécutés par la Compagnie du génie de la
Garde nationale mobilisée (1).Une baraque, élevée à l'angle
Sud-Est de la place Longueville, avait reçu la destination
de parc aux outils (2).

Il a été dit plus haut que, suivant l'avis du Comité consultatif du 18 octobre, corroboré de celui du Comité militaire, en date du 19 (3), l'ordre avait été donné d'organiser
cinq camps baraqués destinés au logement des défenseurs
des lignes du Sud, soit de cinq bataillons d'infanterie. Ces
camps qui furent immédiatement construits (4) et que les
troupes occupèrent dès le 10 novembre, étaient situés aux
points suivants, savoir :

N° 1. — Au Sud de la route nationale n° 35, en arrière
de l'ouvrage n° 3 ;

(1) Le nombre de surveillants dont on disposait fut toujours insuffisant, eu
égard à l'immense développement des lignes d'Amiens (13 kilomètres). Quant
au zèle des travailleurs, il laissait énormément à désirer. Il fut impossible de
tirer aucun parti des ouvriers de la ville et de ceux de la campagne. Les
soldats du 43° et les mobiles ne faisaient presque rien ; leur mauvaise volonté
n'avait rien d'équivoque. Seuls, les soldats de l'infanterie de marine travail-
laient un peu, mais ils ne tardèrent pas à se gâter au contact des paysans et
des mauvais sujets de l'armée de terre.

(2) Les outils mis aux mains des travailleurs provenaient des magasins du
génie ou avaient été confectionnés dans les ateliers de la ville, sur l'ordre du
Comité militaire.
Ces outils étaient réunis chaque soir dans la baraque que, par ordre
dudit Comité, M. l'ingénieur Guillon avait fait construire sur la place.

(3) Voyez la pièce justificative G.

(4) La construction en fut confiée aux soins des entrepreneurs de la ville.
sous les ordres et la direction de M. le maire Dauphin. Les baraques une fois
terminées, le capitaine du génie Saubinet y fit installer des poêles en fonte, à
raison de 30 ou 35 par camp, soit environ 2 par baraque. C'est aussi à cet officier qu'est due l'organisation des fourneaux de cuisine.

Nº 2. — A l'Ouest du chemin vicinal de grande communication nº 7, en deçà de l'ouvrage nº 8;

Nº 3. — A l'Est de la route nationale nº 16, en arrière de l'ouvrage nº 11 ;

Nº 4. — A l'Est de la route départementale nº 10, en deçà de l'ouvrage nº 14 ;

Nº 5. — A l'Est du chemin de fer de Rouen à Amiens, et en arrière de l'ouvrage nº 18.

Chacun de ces camps comprenait quatorze baraques de la contenance de cent hommes, plus trois baraques pour les officiers, les cuisines, les services divers; en tout, dix-sept baraques.

C'est donc un total de 85 baraques en bois que présentait l'ensemble des cinq camps baraqués.

Lorsque, le 27 novembre, Amiens fut attaqué par les Prussiens, l'armement des ouvrages laissait notablement à désirer. Les bouches à feu destinées à la défense des lignes Sud d'Amiens étaient en effet celles-ci :

Canons en bronze de 12, rayés, de place, empruntés à l'armement de la Citadelle, conformément aux ordres du Comité militaire. 3

Canon en bronze de 8, de campagne, à âme lisse, pris à l'arsenal de la Citadelle 1

Canons en bronze de même modèle, expédiés par l'arsenal de Douai à la date du 24 octobre. . . 2

Obusiers en bronze de 0 m. 15, de campagne, à âme lisse, provenant de la Citadelle 2

Obusiers de même modèle, venus de Douai, le 24 octobre. 2

Obusiers de 0m16, venus de Douai à la même date. 6

Ensemble . . 16

bouches à feu de divers calibres. Mais il faut de suite observer que ce chiffre ne saurait donner une idée exacte

du matériel disponible en vue de l'armement des ouvrages.
Les obusiers de 0 m. 16, en effet, ne purent être employés,
faute de sabots pour les obus de ce calibre ; quant au
canon de 8 et aux deux obusiers de 0^m15, ils étaient venus
de l'arsenal de Douai sans leurs affûts. Le Comité militaire
demanda à l'industrie locale les affûts et les engins qui lui
manquaient (1) ; mais, malgré ses efforts, il ne put, au jour
du besoin, mettre en batterie que cinq pièces de position.
Ce jour-là, fort heureusement, il reçut de Douai une
batterie de canons de 12, rayés, de campagne, servie par
des marins de Brest (lieutenant de vaisseau Meusnier) ; et
d'Arras, une compagnie de marins fusiliers (lieutenant de
vaisseau Bertrand) chargée de tirer bon parti des pièces
de la Garde nationale (2).

En résumé, à la date du 27 novembre, les défenseurs
des lignes d'Amiens disposaient de :

1° 3 canons en bronze de 12 rayés, de place, provenant de la Citadelle 3

2° 2 pièces (probablement 2 obusiers de 0 m. 15)
de campagne, provenant également de la Citadelle. 2

3° Une batterie de canons de 12, rayés, de campagne 6

4° Une batterie de canons de 4, rayés, de campagne 6

5° 2 canons de l'artillerie mobilisée. 2

6° 2 canons de 4 et une mitrailleuse de la Garde
nationale sédentaire 3

Soit ensemble 22

bouches à feu de tout calibre qui furent réparties comme
il suit :

(1) Voyez la pièce justificative H.

(2) Voyez la pièce justificative I. — L'auteur des *Opérations de l'armée française
du Nord*, dit : « Deux compagnies. » Quoi qu'il en soit, l'effectif de ce détachement de marins fusiliers de Toulon était de 250 hommes.

Ouvrage n° 5. —	2 pièces (probablement 2 ob. de 0 m. 15)	2
Courtine 10-11. —	Une section de canons de 4, rayés, de campagne (lieutenant de vaisseau Bertrand) . . . . . ,	3
Idem.	Une batterie de canons de 12, rayés, de campagne (lieutenant de vaisseau Meusnier)	6
Ouvrage n° 11. —	3 canons de 12, rayés, de place . . , . . . ,	3
Idem.	(En arrière, sur la route nationale n° 16) la mitrailleuse de la Garde nationale sédentaire. . . .	1
Courtine 11-12. —	Une section de canons de 4, rayés, de campagne (lieutenant de vaisseau Rolland)	3
Ouvrage n° 14. —	2 canons de 4, de la Garde nationale sédentaire . .	2
Ouvrage n° 17. —	2 canons de l'artillerie mobilisée	2
	Total égal. . . .	22

bouches à feu.

Tel fut, au 27 novembre, l'armement des lignes d'Amiens.

Dès les premiers jours du mois de novembre, le Comité militaire avait commandé des plateformes en bois pour 32 bouches à feu, sans préjudice des pièces qu'on pouvait mettre en batterie sur les chaussées pavées ou empierrées (1). Ces plateformes se trouvaient parachevées vers le 20 novembre.

(1) Le soin de procéder à la construction de ces plateformes fut primitivement confié à M. Crouzat, qui commença, en conséquence, les acquisitions de bois. Ce service spécial fut ultérieurement réuni à celui de M. l'ingénieur Guillon.

Sur l'ordre du Comité militaire, les défenseurs des lignes du Sud tirèrent de l'arsenal de la Citadelle de la poudre, des boulets, des obus, des boîtes à mitraille, etc... mais, malgré ces ressources, le manque de munitions d'artillerie devait se faire cruellement sentir (1).

Les munitions d'infanterie n'étaient guère plus abondantes, malgré quelques expéditions faites, au dernier moment, par l'arsenal de Douai (2).

En résumé :

Dans le but de prévenir un coup-de-main de la part des coureurs ennemis, le Comité de défense a fait organiser des fermetures, percer des créneaux, ouvrir des communi-

(1) « ... Douze pièces imparfaitement pourvues... »

« ..., Les munitions manquaient, la pénurie à cet égard était alors grande dans le Nord... »

« ... Neuf pièces de canon non encore approvisionnées... »

« .. Pour résister (le 28 novembre) le général Paulze d'Ivoy demandait une quantité de pièces qui faisait défaut ou que l'on ne pouvait utiliser, puisque les munitions étaient à peu près épuisées... » (Général Faidherbe, *Campagne de l'armée du Nord*, passim.)

« Lorsque les trois batteries prussiennes ouvraient leur feu... pas un boulet pour y répondre... » (Discours de M. de Thanneberg, du 27 novembre 1871.)

(2)   « Douai, le 26 novembre 1870, 4 h. 55 du soir.

« *Directeur d'artillerie à son chef d'état-major.*

« Le général d'artillerie a informé par télégramme que j'expédiais à Amiens « cinq chariots ; — qu'on les attellerait par réquisition ; — contenant 187,000 « cartouches pour chassepots et 123,000 cartouches pour tabatières.

« J'envoie en barils 140,000 cartouches pour chassepots et, en caisses, « 150,000 pour tabatières.

                              Signé : « BRIANT. »

— « Je commence à être pauvre en cartouches ; il me reste une moyenne de « 4 paquets par homme. »
                    (Dépêche du commandant HECQUET, du 26 novembre 1870.)

— « En raison de l'impossibilité de remplacer les munitions... on arrêta que les troupes recevraient deux jours de vivres *et ce que l'on possédait de cartouches...* » (Général FAIDHERBE, *Campagne de l'armée du Nord*, pag. 22.)

— « ...Les autres... convaincus que les cartouchières et les caissons seraient très-difficilement ravitaillés... » (*Opérations de l'armée française du Nord*, pag. 75.)

— « Le général Paulze. instruit, par hasard, de la retraite qui s'effectuait et « sachant qu'on allait l'abandonner à Amiens *sans canons ni munitions...* » (loc. cit.)

cations et construire quelques ouvrages de fortification passagère.

La Commission ou, pour mieux dire, l'autorité préfectorale a fait faire quelques retranchements, barricades et coupures de routes.

Le Comité consultatif a simplement émis un vœu relativement à l'organisation des batteries destinées à la défense de la ville — batteries que des tranchées-abris devaient relier entre elles et qu'on se proposait de faire appuyer par des troupes baraquées sur place.

Le Comité militaire a fait mettre à exécution les projets admis en principe par le Comité consultatif, et son œuvre a été sérieuse. Il a été construit par ses soins 27 ouvrages distincts, répartis en trois groupes et reliés par des tranchées formant une ligne continue de 13 kilomètres de développement (1). En même temps, cinq camps baraqués, chacun de la contenance d'un bataillon, ont été mis à la disposition des troupes chargées de la défense.

(1) Il est vrai de dire que, lors de l'arrivée des Prussiens, le 27 novembre, les lignes d'Amiens n'étaient encore qu'ébauchées. (Voyez la pièce justificative J.)

En particulier, les ouvrages du groupe Nord se trouvaient à peine aux trois quarts de l'état final prévu par le projet.

Ajoutons que ces assertions touchant l'état d'avancement des travaux ont été publiquement contredites par M. l'ingénieur Guillon (*Journal d'Amiens*, n°‘ des 2 novembre et 29 décembre 1871).

S'il nous était possible de prendre part à ce débat, nous dirions que les terres des parapets nous semblent avoir été massées à peu près partout, mais qu'on a, presque partout, omis de songer à l'organisation des profils.

En ce qui concerne les démolitions, on sait que, le lendemain de l'entrée des troupes prussiennes, il fut enjoint à la ville de faire immédiatement disparaitre ses défenses improvisées. Dès le 20 novembre, il n'en restait plus trace. Quant aux cinq camps baraqués, qui avaient été évacués le 28 novembre par les défenseurs d'Amiens, ils étaient, à la date du 7 décembre suivant, complétement détruits et les matériaux en étaient dispersés.

CONCLUSION.

Il n'entrait pas dans le cadre de cette simple notice de peser les raisons pour lesquelles l'autorité militaire a cru devoir ordonner la mise en état de défense d'Amiens, mais seulement d'exposer un tableau véridique des travaux qui furent exécutés en vertu de cet ordre.

Il conviendrait maintenant d'examiner quelle a été, au point de vue de l'art de la fortication passagère, la vraie valeur des lignes d'Amiens, mais une discussion de cette nature aurait, à plus d'un point de vue, divers inconvénients majeurs et, dès lors, mieux vaut s'abstenir.

Toutefois, il serait difficile de laisser passer, sans y répondre, quelques critiques peu mesurées de l'auteur des *Opérations de l'armée française du Nord.* (Voyez la pièce justificative K.)

« Amiens, dit l'auteur, se trouva bientôt entouré, à « environ *un kilomètre et demi de distance,* d'une ceinture « de retranchements et d'ouvrages en terre. »

Cette première assertion est absolument inexacte ; les ouvrages qui furent exécutés se trouvaient à la distance *de trois à quatre kilomètres* du centre de figure de la ville. Ceux du Sud, par exemple, n'étaient à guère moins de trois kilomètres *des dernières maisons* de la région Sud.

« Les travaux, poursuit l'auteur, étaient dirigés et les
« plans fournis par un Comité de défense que présidait le
« *Général de cavalerie* Paulze d'Ivoy, mais où l'élément civil
« dominait. C'est dire que les travaux exécutés étaient mal
« conçus. »

Nous avons donné (pièce justificative C) la composition
du Comité consultatif et (pièce justificative E) celle du
Comité militaire. Celui-ci était, il est vrai, présidé par un
général *de cavalerie* (1) et dans ces deux assemblées l'élément civil se trouvait, on peut le dire, prépondérant.
Mais, ces prémisses admises, la conclusion qu'on en tire
nous semble violemment heurter les règles du syllogisme.
Ceux qui colligent et préparent des notes pour l'Histoire
ne doivent pas s'en tenir à la surface des choses, mais
bien y pénétrer à fond. Comment les faits se sont-ils donc
passés ?

Le Comité consultatif a chargé une commission spéciale
du tracé des lignes de défense et cette commission se
composait (voyez pièce justificative D) d'un chef de bataillon du génie, d'un ancien capitaine d'artillerie, et d'un
garde principal du génie, en retraite.

Le président du Comité militaire a, d'ailleurs, pris, à la
date du 20 octobre, un arrêté portant (Voyez pièce justificative F.) :

. . . .

« Art. 3. — Les travaux de défense... seront exécutés
« conformément aux dispositions arrêtées par nous *sur la*
« *proposition du Commandant du génie,* et sous la haute sur-
« veillance de cet officier supérieur. »

Les critiques de l'auteur s'adressent donc, sans qu'il s'en
doute, à des gens du métier.

---

(1) Que signifie cette spécification d'un goût douteux ? L'auteur eût dû se
rappeler qu'il n'existe dans l'armée française qu'un seul et unique état-major
général. Nous ne sachions pas que les règlements interdissent aux officiers
de cavalerie l'étude de la fortification passagère: le nom de l'illustre
Montalembert réfuterait seul, au besoin, cette insinuation.

Mais passons.

Les travaux considérés en eux-mêmes étaient-ils, ou non, mal conçus? Voilà bien la question.

L'auteur expose que les positions choisies pour l'assiette des ouvrages étaient loin d'être bonnes ; que le plan de ces ouvrages était le fruit d'une conception malheureuse; qu'il suffisait d'avoir, une seule fois, vu ces malheureux ouvrages pour en apprécier le vice originel; qu'il n'y avait, dans l'armée, qu'une voix à cet égard.

· Nous en sommes fâchés pour tous ceux dont l'auteur se fait ici l'écho; mais, après mûr examen, nous déclarons leur jugement téméraire. Il serait, en effet, facile de démontrer que, étant données la situation et les ressources de la défense, il était impossible de trouver de meilleurs emplacements pour les ouvrages à construire.

Arrêté par un personnel qui nous paraît compétent (pièce justificative D), le choix de ces positions a d'abord été approuvé par le Colonel directeur des fortifications. Il a, de plus, reçu l'approbation du Général Farre et du Général Faidherbe ; l'opinion de tous ces *officiers du génie* (1) nous semble devoir compter pour quelque chose. « *Une voix dans l'armée...* » cela est bientôt dit, mais l'expression *vox populi* n'a pas cours en matière de fortification.

L'auteur estime que les ouvrages se trouvaient trop rapprochés de la ville pour pouvoir la préserver d'un bombardement. Cependant, tenues en respect par l'artillerie de la défense, les batteries prussiennes n'ont pu s'approcher à plus de 4 kilomètres des premières maisons, soit à cinq kilomètres et demi du centre de la ville. Cette distance est déjà fort honnête pour des bouches à feu de campagne, qui ont toujours besoin de ménager leurs affûts.

(1) Fidèle à sa manière, l'auteur observe assez souvent que les généraux Farre et Faidherbe sont *officiers du génie.* C'est vrai... ils appartiennent à ce corps depuis plus de trente ans !... Cette situation leur donne peut-être le moyen de traiter, en connaissance de cause, quelques questions de fortification passagère.

Après l'assiette, l'auteur des *Opérations* critique le profil des lignes d'Amiens ; il le trouve considérable et parfois démesuré ; il se plaint de l'épaisseur des épaulements, de la largeur des fossés... Ce sont là pourtant des éléments dont la force ou l'excès n'est jamais à craindre, et la preuve en est, dans l'espèce, fournie par l'auteur lui-même. « Vers « quatre heures, dit-il (voyez pièce justificative M), les « projectiles ennemis avaient à peu près rasé le parapet « derrière lequel tirait la batterie Meusnier .. » Les dimensions de ce parapet n'étaient donc pas trop fortes. Que serait-il advenu si elles avaient été plus faibles ?

L'auteur regrette qu'on ait adopté pour Amiens des lignes *continues* et, d'autre part, il reconnaît que ces lignes offraient de bons abris aux défenseurs.

En fait de tracé, il répudie le redan, qui n'est pas fermé à la gorge, et préconise hautement la redoute.

— « Une dizaine de redoutes, dit-il, eût mieux valu que cette ligne continue... » Peut-être !... la question est très-discutable. Le dessin d'une redoute n'aurait, pas plus que celui d'un redan, procuré aux défenseurs des abris contre les projectiles. Ces dix redoutes en l'air n'eussent été que *des nids à bombes*, tandis que la ligne continue, loin de concentrer les feux de l'ennemi, les disséminait au grand profit de la défense.

Nous n'avons fait ici qu'esquisser une réfutation de la thèse que soutient l'auteur des *Opérations de l'armée française du Nord*, mais cette esquisse suffit à démontrer que ses critiques n'ont pas été suffisamment mûries. Il est, d'ailleurs, inutile d'insister puisque l'auteur ne tarde pas à déclarer que, en ce qui concerne la plaine située au Sud d'Amiens, des ouvrages en terre « *en rendaient l'abord* « *difficile.* » Plus loin, et à deux reprises différentes, il constate que « les défenses organisées autour d'Amiens « *pouvaient arrêter l'ennemi pendant un certain nombre de* « *jours.* »

Tel est bien aussi notre avis.

Les lignes d'Amiens ont, pendant toute une journée, glo-rieusement soutenu le choc d'une forte division prussienne (voyez les pièces justificatives L et M), tenu en respect trois batteries de campagne et repoussé l'attaque d'une colonne d'infanterie (1).

Ces lignes ont donc fait leur devoir dans cette journée du 27 novembre (2), et, comme le craignaient les Prus-siens (3), elles l'eussent encore fait le lendemain, et peut-être les jours suivants si l'armement en avait été suffisant; si les cartouches et les obus n'avaient pas fait défaut.

(1) Une colonne d'infanterie prussienne tenta de gravir la côte dite de Pont-de-Metz; mais, accueillie par un feu très-vif de l'artillerie de l'ouvrage n° 17, elle dut rebrousser chemin très-vivement.

(2) Les défenseurs des lignes d'Amiens firent des pertes sérieuses ; ils eurent 50 tués et 105 blessés.

(3) Voyez la pièce justificative N.

PIÈCES JUSTIFICATIVES

ET DOCUMENTS DIVERS.

PIÈCE JUSTIFICATIVE **A.**

Le Comité de défense, qui se réunissait sous la présidence de M. le général de LAPEYROUSE, comprenait, entre autres personnes :

MM. DE GUIGNÉ, Préfet ;
  DAUPHIN, Maire d'Amiens ;
  SAUDBREUIL, premier président de la Cour d'Appel ;
  DE LINIÈRES, major du 43e de ligne ;
  le Commandant du dépôt de remonte ;
  GUILLON, ingénieur du chemin de fer du Nord ;
  DE FROISSY, ingénieur des Ponts-et-Chaussées de l'arrondissement d'Amiens ;
  WOIRHAYE, ancien officier d'artillerie ;
  BAUCHET, garde principal du génie en retraite;
      Etc. Etc.

Suivant l'opinion exprimée par M. le général de Lapeyrouse, la Ville et la Citadelle d'Amiens ne devaient pas songer à se défendre. La force des choses semblait imposer à la Ville l'obligation de se contenter de mettre ses abords à l'abri de l'incursion des uhlans. C'est dans ce sens restreint qu'ont été conçus les travaux ordonnés par le Comité de défense.

DOCUMENT **B.**

La Commission préfectorale ne comprenait, en réalité, d'autre membre que M. le préfet Lardière. L'omnipotence de ce haut fonctionnaire n'était mitigée que par les avis du Général commandant la subdivision, du Commandant de l'artillerie, du Commandant du génie.

L'autorité du préfet était absolue. Il ordonnait *proprio motu* des travaux, et ses ordres étaient directement notifiés à l'agent-voyer en chef du département.

Les travaux ordonnés par M. Lardière l'ont été sous l'inspiration des révolutionnaires exaltés qui réclamaient la résistance à outrance. Ces faits sont de notoriété publique.

PIÈCE JUSTIFICATIVE C.

Le Comité consultatif fut organisé comme il suit, en vertu de cet arrêté préfectoral, en date du 17 octobre :

« Nous, Préfet de la Somme,

ARRÊTONS :

« ARTICLE 1er. — Un Comité consultatif permanent est institué à Amiens pour la défense du Département.

« ARTICLE 2. — Sont membres *de droit* de ce comité :

Le Préfet ;

Le général commandant le département.

« Sont nommés membres ordinaires :

MM. Le comte DE CHASSEPOT, colonel de la garde nationale d'Amiens ;

THIÉBAUD, commandant du génie ;

DE BONNAULT, commandant d'artillerie ;

BRUYÈRE, commandant de gendarmerie ;

DE GUILLEBON, commandant du 2e bataillon de la garde nationale d'Amiens ;

CROUZAT, commandant des enrôlés volontaires de la Somme ;

GOBLET, procureur général ;

DAUPHIN, maire d'Amiens ;

FUIX, ancien ingénieur en chef du département ;

HARDUIN, ingénieur en chef ;

GUILLON, ingénieur des travaux neufs au chemin de fer du Nord ;

DAULLÉ, agent-voyer en chef ;

HUBERT (Charles), propriétaire, collaborateur au Guide Joanne ;

BAUCHET, garde du génie en retraite ;

Frédéric PETIT fils.

« Article 3. — En notre absence, ou en celle du général, le Comité sera présidé par M. Fuix, ancien ingénieur en chef du département.

« Article 4. — Le présent arrêté sera immédiatement notifié à chacun des membres du Comité.

Fait à Amiens, le 17 octobre 1870.

Signé : J. Lardière.

PIÈCE JUSTIFICATIVE **D**.

La Commission spéciale, chargée par le Comité consultatif de déterminer le tracé de la ligne de défense, était formée de :

MM. Thébaud, chef de bataillon, commandant du génie de la circonscription d'Amiens ;

Crouzat, ancien capitaine d'artillerie, ancien élève de l'Ecole polytechnique ;

Bauchet, garde principal du génie, en retraite à Amiens.

(Procès-verbal de la Conférence ouverte le 2 juin 1871, entre les membres des divers Comités de défense, institués en 1870.)

PIÈCE JUSTIFICATIVE **E**.

Un décret de la Délégation de Tours, du 14 octobre 1870, avait stipulé qu'il serait créé dans chaque département menacé par l'ennemi un Comité militaire composé de 9 membres au maximum. Ce décret fut rendu exécutoire dans la Somme par un arrêté du général commandant la subdivision, en date du 20 octobre. Il fut décidé que tous les membres *militaires* du Comité consultatif existant seraient maintenus avec voix consultative dans le Comité militaire, lequel fut, en définitive, composé comme il suit :

MM. le général Paulze d'Ivoy, Président ;

Lardière, préfet ;

Dauphin, maire ;

Harduin, ingénieur en chef ;

Guillon, ingénieur du chemin de fer du Nord ;

Liénard, ingénieur des mines ;

Bauchet, ancien garde du génie ;

Thiébaud, commandant du génie (plus tard remplacé par le capitaine Saubinet).

Woirhaye, commandant l'artillerie de la garde mobile (en remplacement de M. de Bonnault, appelé à Péronne).

de Chassepot, colonel de la garde nationale.

de Linières, major du 43e de ligne (plus tard remplacé par M. Baboin, commandant supérieur des mobilisés de la Somme).

Bruyère, commandant de gendarmerie ;

Crouzat, commandant des volontaires de la Somme et, plus tard, colonel de l'artillerie de la garde nationale mobilisée.

— M. de Revel, secrétaire général de la Préfecture, assistait aux séances et remplissait les fonctions de secrétaire. Enfin, M. le colonel du Bessol, commandant une brigade de l'armée du Nord, prit également part aux délibérations du Comité, et ce à partir du jour de son arrivée à Amiens.

(Procès-verbal de la Conférence ouverte le 2 juin 1871, entre les membres des divers Comités de défense institués en 1870.)

PIÈCE JUSTIFICATIVE **F**.

Le décret de la Délégation de Tours, du 14 octobre 1870, fut rendu exécutoire dans le département de la Somme par cet arrêté du Général commandant la subdivision en date du 20 du même mois :

« Le Général commandant le département la Somme,

« Considérant que non-seulement l'ennemi occupe les départements de l'Aisne et de l'Oise, limitrophes de celui de la Somme, mais a déjà, par trois fois, violé notre territoire,

« Arrête :

« L'état de guerre est appliqué au département de la Somme conformément au décret du 14 octobre 1870.

« Amiens, le 20 octobre 1870.

Signé : Paulze d'Ivoy. »

L'ordre d'entreprendre les travaux de défense résulte de cet autre arrêté du Général qui porte aussi la date du 20 octobre :

« Le Général commandant la subdivision de la Somme,

« Vu le décret du membre délégué du gouvernement de la Défense nationale, en date du 14 octobre 1870,

ARRÊTE :

« Article 1er. — M. Guillon, ingénieur des travaux neufs de la compagnie du Nord, est requis de diriger l'exécution des travaux relatifs au camp retranché à établir sous la Place d'Amiens, ainsi que de la comptabilité et du règlement des dépenses concernant lesdits travaux.

« Article 2. — A cet effet, et pour hâter l'exécution de ces travaux, il y emploiera les agents disponibles de son service et il se fera assister, autant que de besoin, par ceux des administrations publiques qui pourront être momentanément distraits de leurs fonctions ordinaires.

« Article 3. — Les travaux de défense dont il s'agit seront exécutés conformément aux dispositions arrêtées par nous, sur la proposition du Commandant du génie et sous la haute surveillance de cet officier supérieur à qui le présent arrêté sera notifié.

« Fait à Amiens, le 20 octobre 1870.

« *Le Général commandant la subdivision de la Somme,*
Signé : PAULZE D'IVOY. »

PIÈCE JUSTIFICATIVE **G.**

Voici le texte de l'arrêté, pris en séance du Comité militaire, au sujet de l'organisation des cinq camps baraqués :

« Le Général commandant l'état de siége dans le département de la Somme,

« Vu le décret du gouvernement de la Défense nationale en date du 14 octobre 1870,

« ARRÊTE :

« Article 1er. — Il sera établi, sur les emplacements désignés par le Comité de défense, des baraquements pouvant contenir quatre mille hommes.

« Article 2. — Le Maire d'Amiens est requis de faire établir ces baraquements par les charpentiers et menuisiers de la ville d'Amiens.

« Article 3. — La dépense sera payée à l'aide de bons qui seront acquittés sur les fonds du département.

« Fait et délibéré en Comité militaire, le 19 octobre 1870.

« *Le Général commandant la subdivision,*

« *Signé :* Paulze d'Ivoy. »

PIÈCE JUSTIFICATIVE **H**.

En ce qui concerne les commandes d'affûts, de coffres à munitions, d'objets divers de matériel d'artillerie, on lit ce qui suit dans un document officiel :

. . . .

« Pour l'armement des ouvrages en terre établis autour d'Amiens, il a été reconnu nécessaire de construire 12 affûts de position pour pièces de 12 et de 16. Sur l'ordre du Comité militaire, la commande en a été faite par M. Crouzat chez M. Daire, à Saint-Roch-lès-Amiens.

. . . .

« Pour les pièces de campagne destinées à l'artillerie de la garde nationale mobilisée, des marchés ont été conclus par le général et le préfet, sur l'avis du Comité militaire, avec M. Daire, de St-Roch, et avec MM. Richard frères, d'Abbeville.

. . . .

« Une commande de 24 coffres pour caissons de pièces de 4, rayées, a été faite en séance du Comité à M. Delaye-Dury.

. . . .

« Le Comité militaire n'a point eu à s'occuper de la mitrailleuse Ward et Taulet, ni de la mitrailleuse de M. Gavelle.

« Enfin, dans la dernière quinzaine qui a précédé l'occupation d'Amiens, le Comité a donné des ordres pour compléter et réparer d'urgence divers objets de matériel d'artillerie, notamment pour la dernière batterie anglaise achetée par le département. Ces réparations ont été faites par M. Daire sur les ordres qui lui ont été transmis par M. Crouzat. »

(Extrait du procès-verbal de la Conférence ouverte et close le 2 juin 1871, entre les membres des anciens Comités, sous la présidence de M. le maire Dauphin.)

M. Crouzat, qui était chargé du soin de diriger les opérations de l'armement, eut avec le préfet Lardière une altercation à la suite de laquelle il cessa de remplir effectivement ses fonctions. Le service resta donc en souffrance, et il y eut alors beaucoup de temps perdu.

Lorsque, sous l'inspiration du Comité militaire, M. Crouzat reprit ce service, il y déploya une activité extrême ; mais il était déjà tard, et, malgré cette activité, il ne put arriver à mettre en batterie les pièces de gros calibre qu'on avait amenées sur le terrain pour la défense des ouvrages.

L'origine de ce mécompte est notoire.

PIÈCE JUSTIFICATIVE I.

En ce qui concerne l'armement des lignes, il règne quelque obscurité dans l'exposé du général Faidherbe et dans celui de l'auteur des *Opérations de l'armée du Nord*.

— « Pour y tenir (dans les lignes) avec quelque chance de succès, « et lutter contre l'artillerie beaucoup plus nombreuse de l'ennemi, « il aurait fallu joindre aux *douze pièces* imparfaitement pourvues « que la ville était parvenue à y établir... »

— « Il fut convenu que le général Paulze d'Ivoy se porterait avec « toutes les troupes de la garnison en avant des retranchements « commencés pour couvrir Amiens. On lui adjoignit une *batterie* « *de 12*, servie par des marins, qui descendait à l'instant même du « train par lequel elle arrivait de Douai. »

— « ... Ce détachement reprit position derrière les épaulements « ébauchés où se trouvaient *neuf pièces* de canon non encore appro- « visionnées.

— « Arrêter l'élan de l'ennemi de ce côté eût été difficile sans « l'arrivée *d'une batterie de 12*, rayée, servie par des marins de « Brest et commandée par le lieutenant de vaisseau Meusnier... »

— « ... Cette batterie allait être totalement démontée, lorsqu'elle « reçut l'appui de la compagnie de marins, commandée par les lieu-

« tenants Rolland et Bertrand, qui lui vint en aide *avec des pièces*
« *de 4*, empruntées à la garde nationale.... »

(Général Faidherbe, Campagne de l'armée du Nord, passim.)

— « La garde nationale (d'Amiens), outre *une batterie de 12*,
« possédait *une mitrailleuse belge.* »

— « ... On les avait armés (les retranchements d'Amiens) de
« *12 pièces lisses de position*, de différents calibres. Ces canons,
« par une négligence incroyable, ne furent point mis sur affûts, à
« *l'exception de deux*, croyons-nous, et ils ne purent point servir,
« par conséquent, à la défense d'Amiens, le 27 novembre. »

— « ... L'héroïque batterie de marine Meusnier, qui venait de
« débarquer du chemin de fer. Il n'est pas inutile de signaler l'effet
« terrible de nos *pièces de 12*, qui luttèrent, au nombre de six,
« contre 70 bouches à feu de l'ennemi, et lui firent le plus grand
« mal.. »

. . . .

— « Les batteries prussiennes... n'en étaient pas moins tenues en
respect par les *pièces de 12* des marins et par des *canons de 4*,
placés derrière les abris et servis par des marins fusiliers envoyés
d'Arras.

(Opérations de l'armée française du Nord, passim.)

Le tableau de l'armement exposé en cette Notice a été établi sur
les données tirées des archives de l'Arsenal et des rapports des
officiers du Génie. On lit dans ces derniers documents :

« L'artillerie n'était pas prête ; cinq pièces seulement avaient été
mises en batterie ; deux, au redan du chemin de Cagny ; et les trois
autres, à l'ouvrage de Dury, sur la route de Paris. »

(Journal de Défense. — Rapport du commandant du génie Thiébaud.
en date du 3 juin 1871.)

« ... On eût pu rendre l'armement des ouvrages plus fort et
plus complet en utilisant les pièces à grande portée que l'on avait
prises à la Citadelle ou achetées en Angleterre. »

(Rapport du capitaine du génie Saubinet, en date du 26 mai 1871.)

PIÈCE JUSTIFICATIVE **J.**

Il a été mainte fois dit et répété que les ouvrages destinés à la défense n'étaient point parachevés lors de l'arrivée des Prussiens. Ces assertions n'étaient qu'un écho de l'opinion du général Faidherbe.

(*Campagne de l'armée du Nord*, passim.)

« ... La protection donnée à Amiens se fût réduite à la défense directe des retranchements construits autour de cette ville par les autorités locales. Or, ces retranchements, établis *dans de bonnes positions,* étaient *incomplets ;* leur profil était faible ; leur développement, énorme. Pour y tenir avec quelque chance de succès et lutter contre l'artillerie beaucoup plus nombreuse de l'ennemi, il aurait fallu... »

. . . .

« ... Il fut convenu que le général Paulze d'Ivoy se porterait, avec toutes les troupes de la garnison, en avant des retranchements *commencés* pour couvrir Amiens. »

. . . .

« ... Ce détachement s'avança assez loin.., et reprit position derrière les épaulements *ébauchés...* »

. . . .

« ... Le général Paulze d'Ivoy, seul, parla de résister dans les retranchements *ébauchés* autour de la ville. »

(Général Faidherbe, *Campagne de l'armée du Nord*, passim.)

« ... Lorsque l'ennemi se présenta, nos lignes n'étaient pas terminées, mais seulement *ébauchées...* »

(Note manuscrite de M. Bauchet, garde du génie en retraite.)

« ... Malgré le plus grand zèle, il avait été impossible de finir les travaux de fortification qui devaient les abriter (les défenseurs) sur un front de cinq kilomètres. »

(Discours de M. de Thanneberg, ancien officier d'ordonnance du général Paulze d'Ivoy, en date du 27 novembre 1871.)

PIÈCE JUSTIFICATIVE **K.**

L'auteur des *Opérations de l'armée française du Nord* critique vivement, comme il suit, le plan général, le tracé, la situation, la forme et jusqu'au profil des ouvrages, tout en reconnaissant qu'ils rendaient l'abord d'Amiens difficile et pouvaient arrêter l'ennemi *pendant un certain nombre de jours :*

« La première pensée à laquelle on s'arrêta ce fut de mettre rapidement Amiens en état de défense.

. . . .

« Amiens se trouva bientôt entouré, à environ 1 kilomètre 1/2 de distance, d'une ceinture de retranchements et d'ouvrages en terre. Malheureusement, les travaux étaient dirigés et les plans fournis par un Comité de défense, que présidait le *général de cavalerie* Paulze d'Ivoy, mais où l'élément civil dominait. C'est dire que les travaux exécutés étaient mal conçus.

« A ce propos, le général Farre, tout en déclarant, par courtoisie, que les retranchements avaient été établis « *dans de bonnes conditions* (1), reconnut qu'ils étaient néanmoins incomplets, et que leur profil lui semblait faible, etc., etc.

« Il suffisait, en effet, d'avoir vu une seule fois les ouvrages en question, ouvrages que le général Farre, accablé par le travail si lourd de l'organisation de l'armée, n'avait probablement pas eu le temps de visiter à fond, avant la bataille, pour être convaincu de l'inexactitude de l'appréciation qui précède : les positions choisies étaient loin d'être bonnes, notamment du côté de la ferme de Grâce et du village de Dury. Ce dernier n'était pas retranché, grave négligence qui devait amener de funestes conséquences; et, quant aux profils, que le général Farre trouvait incomplets, ils n'étaient au contraire que trop considérables ; plusieurs même les trouvaient démesurés !

« Là, où il suffisait d'une simple tranchée-abri, on avait perdu un temps précieux à faire des redans avec fossés de trois et quatre mètres de largeur, sur trois de profondeur, mais qui n'étaient pas

(1) Ici l'auteur cite la brochure du général Faidherbe, mais la citation est entachée de certaine inexactitude. Le général a dit (Brochure citée, page 15) « dans de bonnes POSITIONS. »

fermés à la gorge. Une dizaine de redoutes en terre, bien placées (1), auraient mieux valu que cette ligne continue , et eussent exigé moins de défenseurs. Quant au plan général des ouvrages, nous ne sommes ici qu'un écho, en répétant qu'il était mal conçu ; il n'y avait, dans l'armée, qu'une voix à cet égard, et les Prussiens, maîtres d'Amiens, n'hésitèrent pas à faire niveler ces travaux qu'ils trouvaient par trop défectueux.

« La Citadelle, qui est un véritable fort, pouvait résister un certain temps, bien que dominée de plusieurs côtés (2). Quelque anciens et imparfaits que soient des ouvrages, ils constituent toujours des obstacles redoutables, et, malgré nos critiques, il est certain que ceux qui existaient à Amiens pouvaient arrêter l'ennemi *pendant un certain nombre de jours* (3).

. . . .

« La défense d'Amiens, malgré le tracé défectueux des ouvrages, était possible *pendant un certain nombre de jours*, et sa résistance immobilisait un corps ennemi considérable.

. . . .

« Les retranchements du Sud devaient évidemment supporter le plus fort de l'attaque, il est donc malheureux qu'on ait négligé de fortifier Dury.

. . . .

« Le terrain sur lequel se livra cette sanglante bataille a des aspects divers. De Pont-de-Metz et de Salouel, jusqu'au hameau de Dury, c'est-à-dire au Sud d'Amiens, s'étend une grande plaine découverte, qui présente de légères ondulations. *Des ouvrages en terre en rendaient l'abord difficile...* »

(Opérations de l'armée française du Nord, passim.)

PIÈCE JUSTIFICATIVE **L.**

Dans le récit qu'il donne de la bataille d'Amiens le général Faidherbe semble n'attribuer aux retranchements qu'un rôle extrêmement secondaire :

---

(1) « Je dis bien placées, parce que celles qu'on avait fait construire ne l'étaient pas : d'abord on les avait établies en arrière des crêtes, et, en second lieu, elles se trouvaient trop rapprochées de la ville pour pouvoir la préserver d'un bombardement. »

(2) « Le fort d'Issy, dans les deux récents siéges de Paris, quoique dominé et écrasé par de formidables batteries Krupp, résista comme on sait. »

(3) « Amiens eût reçu, sans doute, beaucoup d'obus. »

« Dès que les divers incidents de cette journée se dessinèrent, on prit des dispositions pour renforcer les positions menacées.

. . . .

« Les rapports qui arrivèrent dans la matinée du 27 étaient menaçants. Il fut convenu que le général Paulze d'Ivoy se porterait avec toutes les troupes de la garnison *en avant des retranchements commencés pour couvrir Amiens.*

. . . .

« Sur la droite, l'effectif très-faible du corps d'armée n'avait permis d'affecter que peu de monde aux postes de Boves, Cagny et Longueau, qui devaient compter principalement *sur la protection des ouvrages élevés par la garnison d'Amiens en avant de cette ville.* Le général Paulze d'Ivoy avait fait garnir ces ouvrages de troupes dans la matinée, et il envoya en avant du village de Dury une reconnaissance composée de quelques compagnies du 2e bataillon de chasseurs de marche, du 43e de ligne et du 4e bataillon des mobiles de la Somme. Ce détachement s'avança assez loin, mais, peu nombreux et dépourvu d'artillerie, il rétrograda à la rencontre d'un ennemi supérieur et reprit position derrière les épaulements.

. . . .

« L'infériorité évidente de notre artillerie et la retraite de nos troupes derrière les épaulements permit aux Prussiens de s'établir dans le village à demi incendié de Dury et dans celui de Saint-Fuscien qu'ils dépassèrent, de sorte que la position de Boves se trouva tournée de bonne heure. Les ruines du vieux château de Boves étaient gardées par deux compagnies : l'une, du 33e de ligne; l'autre, du 24e. Le colonel Pittié, avec le 2e bataillon du 24e et le 4e bataillon des mobiles du Nord, devait reconnaître la rive droite de la vallée de l'Avre, tandis qu'un bataillon du 33e et une partie du 5e bataillon des mobiles du Nord devaient s'avancer vers Saint-Fuscien que l'on croyait encore au pouvoir des nôtres.

« Le 1er bataillon du 24e occupait en réserve la gare de Longueau. Toutes ces troupes furent attaquées avec une grande vivacité. La résistance énergique des compagnies retranchées dans les ruines de Boves empêcha l'ennemi de s'avancer directement, et le contraignit de défiler au travers des marais, abrité par le bois de Cottenchy. Il en résulta un répit pendant lequel les bataillons de la gauche poursuivirent leur marche offensive et prirent part à la prise de Gentelles. Mais bientôt les bataillons de la droite, 1er chasseurs, 33e de ligne et 5e mobiles, tournés par les marais et pris à revers par les Prussiens, maîtres des villages de Saint-Fuscien et de Cagny, furent refoulés sur Longueau. Le colonel Derroja rallia les troupes et fit exécuter une charge à la baïonnette qui, vigoureusement dirigée par le commandant Zédé, du 33e, et un capitaine du 5e bataillon de mobiles (grièvement blessé et dont on regrette de ne pouvoir citer le nom), arrêta la poursuite de l'ennemi. L'heure avancée mit fin au combat et le reste de la soirée fut employé à rallier les troupes à Longueau.

« Le général Lecointe, le colonel Derroja, le lieutenant-colonel de Villenoisy et le commandant de l'artillerie Charon, réunis à Amiens, délibérèrent et furent d'avis qu'en raison de *l'impossibilité de remplacer les munitions* et du danger pressant que faisait courir une attaque de l'ennemi en forces considérables par Notre-Dame-de-Grâce et même par la Somme en aval, il convenait de préparer la retraite.

« Sans rien préjuger au sujet de la décision définitive qui pourrait être prise, on arrêta que les troupes seraient réunies sur les boulevards d'Amiens, après quelques heures de repos. Là, elles recevraient deux jours de vivres et ce que l'on possédait de cartouches, et elles se trouveraient également prêtes pour la retraite ou pour la défense de la Place. Le colonel du Bessol approuva ces dispositions; le général Paulze d'Ivoy, seul, parla de résister dans les retranchements ébauchés autour de la ville, mais il demandait pour cela une quantité de pièces d'artillerie qui faisait défaut ou que l'on ne pouvait utiliser, *puisque les munitions étaient à peu près épuisées.*

« Ces divers avis furent communiqués par le télégraphe au général en chef qui, après mûres réflexions, donna, à trois heures, l'ordre d'une retraite générale vers le Nord. »

(Campagne de l'armée du Nord, passim.)

PIÈCE JUTIFICATIVE **M**.

Après avoir vivement critiqué (Voyez pièce justificative K) l'organisation des ouvrages, l'auteur *des Opérations de l'armée du Nord* fait un récit de la bataille d'Amiens, des termes duquel il résulte que ces ouvrages de fortification passagère n'étaient pas dépourvus de toute espèce de propriétés défensives.

— « Sept bataillons de mobiles du Nord avaient été chargés de la défense d'Amiens, conjointement avec deux mille gardes nationaux sédentaires qui s'y étaient organisés depuis longtemps... — Le général Paulze d'Ivoy avait sous ses ordres *huit mille combattants* environ *dont le rôle devait se borner à la défense des ouvrages construits en avant d'Amiens...* »

. . . .

— « Le 21 novembre, les emplacements de combat et les cantonnements furent assignés aux troupes de la garnison d'Amiens qui devaient défendre la ligne marquée par les villages de Dury, Salouel et Pont-de-Metz, extrême droite. »

. . . .

— « La plus grande partie de l'artillerie prussienne avait pris la direction d'Amiens (le 26 novembre).

... Le plan du général Manteufel était, croyait-on, de nous donner le change, en canonnant violemment Amiens. Il espérait nous attirer de ce côté et nous faire dégarnir Villers-Bretonneux, notre gauche. »

. . . .

— « Cette colonne (prussienne) lança des tirailleurs qui prirent de flanc le bois de Dury et forcèrent les chasseurs à se replier *dans les tranchées.* Les Prussiens s'étaient dirigés parallèlement à la route de Dury, manœuvrant comme s'ils avaient voulu, en tournant les chasseurs, s'emparer, par un coup de main, des ouvrages avancés d'Amiens. »

. . . .

— « Du côté d'Amiens et de Boves, une furieuse canonnade se faisait entendre. Les Prussiens, espérant agir sur le moral des habitants, avaient réuni un grand nombres de pièces... »

. . . .

— « Les tranchées étaient garnies de la manière suivante : à Pont-de-Metz, extrême droite, trois bataillons de mobiles (Gard) ; à leur gauche, le 2e chasseurs ; puis, venait le bataillon de dépôt du 43e de ligne et 2 compagnies de marins fusiliers qui appuyaient leur droite à la batterie Meusnier placée à cheval sur la route de Paris. Entre cette route et celle de Saint-Fuscien étaient établis trois bataillons de mobiles du régiment de Somme-et-Marne et deux bataillons de mobiles du Nord. La batterie de la garde nationale vint prendre une position de réserve, à cheval sur la route de Saint-Fuscien. »

— « Plus en arrière, entre la route de Saint-Fuscien et celle de Rouen, se tenaient en réserve 2,000 gardes nationaux sédentaires...

— « La brigade Derroja devait, autant que possible, se relier,
par le 1er chasseurs, aux troupes des tranchées d'Amiens dont
l'effectif total, y compris les gardes nationaux sédentaires, montait
en ce moment-là à 7,800 hommes au plus... »

— « Attaqués sur tous les points à la fois, les Français opposè-
rent une résistance énergique. »

— « Malheureusement, les villages de Dury et de Saint-Fuscien
faiblement occupés... nous furent enlevés sans coup férir... »

— ... « La position si importante de Boves, se trouvant prise de
flanc par Dury, ne put pas être conservée. »

— « ... Les Prussiens, ne trouvant plus personne entre Dury et
Boves, s'engagèrent résolument à travers les marais de Cottenchy. »

— « ... Deux cents Français, chassés de Boves, reculèrent lente-
ment... mais durent battre définitivement en retraite. »

— « ... Aucune attaque sérieuse n'avait été tentée sur notre
droite par le 8e corps prussien; ses batteries, formidables par le
nombre, n'en étaient pas moins tenues en respect par les pièces de
12 des marins et par les canons de 4 *placés derrière des abris* et
servis par des marins fusiliers envoyés d'Arras. Sur ce point, l'infanterie n'était pas engagée *et avait peu à souffrir*. Vers quatre
heures, les projectiles ennemis avaient à *peu près rasé le parapet*
(sur la route de Dury) derrière lequel tirait la batterie Meusnier.
Profitant de cette brèche, les Prussiens établirent une pièce d'artillerie qui prit les tranchées d'enfilade et firent quelques victimes.
Vers le soir, le 2e chasseurs répara l'ouvrage avec des troncs
d'arbres et des pierres.

. . . .

« Les pièces de 4 des Français, ne pouvant atteindre les batteries
prussiennes, avaient dû se retirer, à moitié démontées. L'ennemi
put alors rapprocher son artillerie et la tourner tout entière contre
nos bataillons qu'il couvrit, à petite distance, de mitraille et d'obus.

. . . .

« A Amiens, la retraite ne s'opéra que le matin, vers les cinq
heures. Là, *on était resté dans les ouvrages* et, comme la plupart
des troupes placées dans les tranchées n'avaient pas été engagées,
elles n'étaient nullement désorganisées.

. . . .

« ... On délibéra sur le parti à prendre : les uns voulaient
défendre la ville et recommencer la lutte le lendemain... »

. . . .

— « ... Les Prussiens, ignorant dans quelles conditions s'était exécutée la retraite des Français, avaient passé la nuit dans la persuasion que la lutte recommencerait bientôt. Ils furent très surpris de ne plus apercevoir personne devant eux, le lendemain matin. Ils entrèrent, musique en tête, dans Amiens.

. . . .

« Une dépêche prussienne, datée de Moreuil 28 novembre, expose en termes très-modestes les résultats de cette journée ; l'ennemi n'y semble nullement se douter que, le lendemain, Amiens aurait cessé d'appartenir aux Français.

« Voici un extrait de cette dépêche :

— « ... L'ennemi a été rejeté sur la Somme *et ses ouvrages fortifiés devant Amiens...* nos pertes sont sérieuses. »

« *Signé :* Cte WARTENSLEBEN. »

(*Opérations de l'armée Française du Nord,* passim.)

PIÈCE JUSTIFICATIVE N.

Il n'est pas sans intérêt de placer en regard des documents qui précèdent le récit (prussien) de l'attaque d'Amiens par l'armée prussienne, ainsi que l'opinion de nos ennemis touchant la valeur des ouvrages attaqués.

« Après la capitulation de Metz, le gros de la 1re armée (prussienne) commença son mouvement sur le Nord-Ouest de la France, le 1er corps formant l'aile droite, et le 8e l'aile gauche, avec Verdun, Reims et Compiègne pour objectifs.

« Le gros de la première armée (1er et 8e corps et 3e division de cavalerie) se mit en marche le 7 novembre sur le Nord-Ouest de la France.

« Les 21 et 22 novembre, le 8e corps se concentra à Compiègne..»
— « Le 1er corps se concentra à Noyon. — La 3e division de cavalerie, couvrant la marche de l'armée, se porta en avant dans la direction d'Amiens.

« Le 24 novembre, le commandant en chef prit la même direction avec les corps d'armée disponibles, et, le 27, il rencontra l'ennemi au Sud d'Amiens.

« Les Français furent rejetés dans la soirée sur la rive droite de la Somme, après un combat très vif et évacuèrent la ville d'Amiens, en conservant seulement la Citadelle.

. . . .

« Sur l'ordre donné par le commandant de la 16e division d'infanterie, de mettre en état de défense la position de Dury, qui faisait face aux ouvrages français d'Amiens, la 1re compagnie de campagne du 8e corps retrancha ce village pendant la nuit du 27 au 28, ainsi que le bois situé à l'Ouest.

« Le 28, de grand matin, elle eut également à mettre en état de défense le cimetière placé à 750 mètres de la lisière du même bois. Le travail fut terminé au jour et l'on put envoyer dans la direction des retranchements ennemis distants seulement de 150 mètres des patrouilles qui constatèrent que les Français les avaient évacués dans la nuit, en abandonnant 4 canons. En continuant d'avancer, la compagnie de pionniers et une patrouille du 40e régiment d'infanterie acquirent la certitude qu'Amiens était évacué, moins la Citadelle. La 16e division prit, en conséquence, possession de la ville.

. . . .

« Pour couvrir Amiens... le capitaine Riemann fit mettre la Citadelle en état de défense... On rasa aussi les retranchements élevés par les Français sur les hauteurs comprises entre les routes de Noyon et de Rouen.

. . . .

« La campagne de la première armée (prussienne) montre l'importance des travaux de fortification improvisés dans la guerre moderne. *Les positions françaises d'Amiens*... ont exercé une grande influence sur les opérations des deux adversaires. »

(Goetze. — *Opérations du corps du Génie allemand* — trad. Guillon et Fritsch, tome 1er, *passim*.)

La prise d'Amiens était, pour nos ennemis, un succès d'une immense valeur, témoin la teneur de cette dépêche que le Grand-Quartier-Général (prussien) expédiait, le matin du 29 novembre, au prince royal de Prusse, commandant la 3e armée stationnée au Sud de Paris, ainsi qu'au prince royal de Saxe, commandant *l'armée de la Meuse* — laquelle occupait le Nord et l'Ouest de la place assiégée :

« D'après les renseignements que nous recevons de la 2e armée

« (Frédéric-Charles), il faut redouter une attaque sérieuse contre la
« division wurtembergeoise.

« *La prise d'Amiens, qui a eu lieu hier, rend vaine toute ten-*
« *tative de l'ennemi dirigée vers le Nord.* Faites, par conséquent,
« soutenir la division wurtembergeoise par toutes les forces
« disponibles. »

(Major Blume. — *Exposé des opérations des armées allemandes* — trad.
Costa de Serda.)

On le voit, la prise d'Amiens a permis aux Prussiens de se concentrer à Villers et à Champigny, lorsque l'effort des Parisiens
assiégés s'est prononcé dans cette direction.

FIN.

AMIENS. — IMP. T. JEUNET.

ORGANISATION DE LA DÉFENSE D'AMIENS.—Août-Novembre 1870.

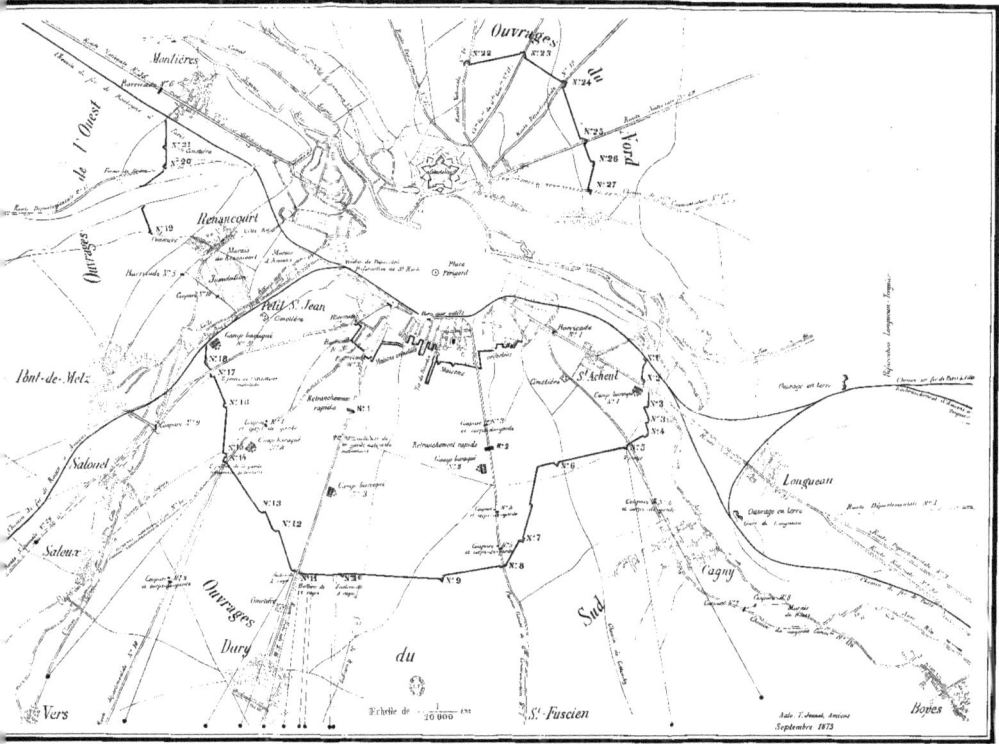

www.ingramcontent.com/pod-product-compliance
Lightning Source LLC
Chambersburg PA
CBHW072018290326
41934CB00009BA/2120